Cathrin Gronenberg

Musik-Themenhefte

MUSICALS

Verlag an der Ruhr

Impressum

Titel
Musik-Themenhefte: Musicals

Autorin
Cathrin Gronenberg

Umschlagmotive
Theater © Berchtesgaden – Fotolia.com
Rusty und Pearl © Starlight Express GmbH
Broadway © Elnur – Fotolia.com
Showgirl © kiri – Fotolia.com
Starlight Express Ensemble © Starlight Express GmbH

Noten, Texte und Fotos
Starlight Express: Lloyd-Webber, Andrew/Kunze, Michael
© The Really Useful Group Ltd.Polygram Int. Music Polygram
    Int. Music Publ.Ltd.
    Für D/A/CH: Universal Music Publ. GmbH, Berlin

CATS (Musical): Lloyd Webber, Andrew/Kunze, Michael
© The Really Useful Group Ltd./Faber and Faber Ltd.
    Produktionsfotos von CATS (S. 16, 19, 23) mit freundlicher
    Genehmigung der CATS Tournee Produktions GmbH & Co. KG

Elisabeth: Levay, Sylvester/Kunze, Michael
© Sisi Music Edition

Verlag an der Ruhr
Mülheim an der Ruhr
www.verlagruhr.de

Geeignet für die Klassen 5 – 8

Unser Beitrag zum Umweltschutz
Wir sind seit 2008 ein ÖKOPROFIT®-Betrieb und setzen uns damit aktiv für den Umweltschutz ein.
Das ÖKOPROFIT®-Projekt unterstützt Betriebe dabei, die Umwelt durch nachhaltiges Wirtschaften
zu entlasten.
Unsere Produkte sind grundsätzlich auf chlorfrei gebleichtes und nach Umweltschutzstandards
zertifiziertes Papier gedruckt.

© Verlag an der Ruhr 2012
ISBN 978-3-8346-0894-9

Printed in Germany

Weitere Titel aus dieser Reihe:

Instrumente
Cathrin Gronenberg
Klasse 5 – 6, 40 S., A4, Heft
ISBN 978-3-8346-0664-8
Best.-Nr. 60664

Die Stimme
Ulrike Brauerhoch
Klasse 5 – 7, 40 S., A4, Heft
ISBN 978-3-8346-0747-8
Best.-Nr. 60747

Musikstile von Punk bis Trip Hop
Kurt Schlegel, Jochen Stegmaier
Kl. 9 – 10, 40 S., A4, Heft
ISBN 978-3-8346-0671-6
Best.-Nr. 60671

Inhaltsverzeichnis

© Meyhome/Pixelio

© Starlight Express GmbH

© Poridin/Wikimedia

© Herbert Schulze, Semmel Concerts
Veranstaltungsservice GmbH

Was ist ein Musical?

Ein **Musical** ist eine besondere Form des musikalischen Unterhaltungstheaters. Der richtige Name lautet eigentlich Musical-Comedy (=„musikalische Komödie") oder Musical-Play (=„musikalisches Schauspiel"). Das Stück besteht meistens aus zwei Akten mit gesprochenem Dialog, Gesang (Songs, Ensembles, Chöre) und Tanz. In den meisten Musicals wird die Handlung in Form von Dialogen vermittelt. Es gibt aber auch Stücke, die komplett durchkomponiert sind: Die Musik verläuft ohne Unterbrechungen, und die Handlung wird durch die Songs vermittelt.

(Informationen nach: Der Brockhaus Musik)

Die **Oper** (= Italienisch; Opera (in musica) „(Musik)werk") ist die in der westlichen Kultur am weitesten verbreitete theatralische Kunstform. Die Stücke sind dabei eine Mischung aus Musik, Bühnendichtung und szenischer Darstellung (einschließlich Ballett, Kostüm, Maske, Bühnenbild, Licht, …). Die Musik wird ganz oder fast durchgängig zur Mitgestaltung der dramatischen Handlung, der Gespräche der Personen oder zum Unterstreichen ihrer Gebärden eingesetzt.

(Informationen nach: Der Brockhaus Musik)

Eine **Operette** (= Italienisch: „kleine Oper") ist ebenfalls ein musikalisches Bühnenstück. Sie besteht meistens aus einer heiteren, in locker aneinandergefügten Szenen dargestellten Handlung und beinhaltet gesprochenen Dialog, Gesang und Tanz. Die Musikstücke ähneln in der Form denen der Oper, sind jedoch wesentlich einfacher gestaltet, außerdem spielen die Tanzeinlagen hier eine zentrale Rolle. Sie bilden häufig mit der vorhergehenden Gesangsnummer eine musikalische Einheit.

(Informationen nach: Der Brockhaus Musik)

© Erik-Jan Ouwerkerk – wikimedia

♪ *Aufgaben*

1. Schaut euch das Foto auf dem Arbeitsblatt an, und stellt in der Klasse Vermutungen an: Stammt es aus einer Oper oder einem Musical? Begründet eure Vermutungen.

2. Sammelt Kennzeichen eines Musicals.
   a) Erstellt mit diesen Begriffen eine Mind-Map an der Tafel.
   b) Formuliert gemeinsam eine erste Definition für den Begriff „Musical".
   c) Vergleicht eure selbsterstellte Definition mit der im obigen Kasten.

3. Lest nun auch die anderen Definitionen. Arbeitet Gemeinsamkeiten und Unterschiede von Oper, Operette und Musical heraus. Hört euch dazu auch charakteristische Songs und Arien aus Opern, Operetten und Musicals an, und vergleicht den Gesangsstil. Könnt ihr nun die erste Frage beantworten?

Tipp: Berichtet von Opern- und Musicalaufführungen, die ihr besucht habt.

© Verlag an der Ruhr | Autorin: Cathrin Gronenberg | ISBN 978-38346-0894-9 | www.verlagruhr.de

Von der Oper zum Musical

„Dass das amerikanische musikalische Theater einen langen Weg gegangen ist, aus dem es dies von der Oper, jenes von der Revue, hier etwas von der Operette, dort etwas von Vaudeville übernommen hat, [ist unbestritten.] Aber so verschieden [die Stücke] auch sind, man kann sie alle mit dem Wort Musical bezeichnen, weil ihnen eines gemeinsam ist: sie gehören zu einer Kunstart, die amerikanischen Wurzeln entspringt, die unserer Sprache, unserem Rhythmus, unserem Verhalten, unserer Art zu leben entspricht. Daraus ist nun eine neue Form entstanden."

(Quelle: Leonard Bernstein: „Freude an der Musik". Wilhelm Goldmann Verlag GmbH, München)

Operette

Die Opera buffa entstand im 19. Jahrhundert als Singspiel in deutscher Sprache und mit volkstümlichen Melodien. Die zur gleichen Zeit in Frankreich entstehende Opera comique ersetzte zudem gesungene Erzählungen durch gesprochene Dialoge, es gab heitere Melodien, raffinierte Ensemblenummern und aufreizende Tänze: Aus beiden entwickelte sich die Operette. Sie fand zu Beginn des 20. Jahrhunderts den Weg nach Amerika.

Der Beginn des amerikanischen Showbusiness

Im Laufe des 19. Jahrhunderts nahm die Bevölkerung in den Großstädten Nordamerikas auf Grund der industriellen Revolution und der anhaltenden Einwandererströme schnell zu. Die Bevölkerung wollte unterhalten werden, und es entstanden zahllose Vergnügungsstätten für unterschiedliche Aufführungen.

Minstrel Shows

Ab dem Ende des 18. Jahrhunderts führten fahrende weiße Spielleute Shows auf, in denen sie als Schwarze verkleidet, deren Musik und Tänze imitierten. Komponisten ließen sich von den Klängen und Rhythmen beeinflussen. Zu den Shows gehörten unzusammenhängende Solo- und Gruppengesänge, instrumentale Musiknummern, Tänze und Parodien.

Revuen

Die Revuen, die ab Ende des 19. Jahrhunderts auf den Bühnen aufgeführt wurden, vereinigten Musik, Tanz und Wortbeiträge zu einer Gesamtdarbietung. Die einzelnen Nummern waren über die beteiligten Personen miteinander verbunden oder standen unter einem bestimmten Thema.

Jazz

Anfang des 19. Jahrhunderts entwickelte sich in den USA eine eigenständige afroamerikanische Musik: der Blues und daraus folgend der Jazz. Dieser war temperamentvoll, schnell und voller Lebensfreude und prägte entscheidend die populäre amerikanische Musik, auch die Bühnenkompositionen.

Vaudeville

Das Vaudeville ist eine Bühnenshow, die eine Aneinanderreihung verschiedener Einzelnummern ohne inhaltlichen Faden bietet und zu Beginn des 20. Jahrhunderts populär war. Komik, Satire und artistische Darbietungen standen auf dem Programm, es traten aber auch Sänger, Steptänzer usw. auf.

Aufgaben

1. Erläutert die Wurzeln der Unterhaltungsmusik des amerikanischen Musiktheaters.

2. Erklärt in wenigen Sätzen, wie daraus Musicals entstanden sind.

© Verlag an der Ruhr | Autorin: Cathrin Gronenberg | ISBN 978-3-8346-0894-9 | www.verlagruhr.de

Von Rodgers/Hammerstein zu Lloyd Webber

Einführung

Stücke wie die *Rocky Horror Show* parodieren Filme, Zeitgeschichte usw. und werden häufig zu so genannten Kultmusicals.

Das Musical *West Side Story* ist eine moderne Version von William Shakespeares Stück Romeo und Julia.

Mit dem Musical *Hair* ziehen vermehrt Rock- und Popklänge in das Genre ein.

Frederick Loewe: *My Fair Lady*

Richard Rodgers und Oscar Hammerstein trugen mit Werken wie *Oklahoma!* oder *Carousel* dazu bei, dass Musicals als Kunstform anerkannt wurden.

Mit Andrew Lloyd Webbers Musical *Evita* beginnt die weltweite Vermarktung von Musicalproduktionen. Viele von Webbers Stücken gehören zu den finanziell erfolgreichsten und am längsten laufenden Musicals der Welt.

Alan Menken: *Little Shop Of Horrors.*

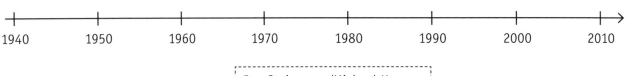

| 1940 | 1950 | 1960 | 1970 | 1980 | 1990 | 2000 | 2010 |

John Kander/Fred Ebb: *Chicago*

Jan Steinmann/Michael Kunze: *Tanz der Vampire*

Claude-Michel Schönberg/Alain Boubil: *Les Misérables*

Mit Stücken wie z.B. *Sweeney Todd* hat sich Stephen Sondheim den Ruf als derzeit bedeutendster Musicalkomponist erarbeitet.

Erfolgreiche Musicals werden häufig für das Kino verfilmt, wie z.B. *Mamma Mia!*

Mehrere erfolgreiche Musicals, wie *Dirty Dancing*, greifen auf Songs einer Gruppe oder Zeit zurück.

Besonderen Erfolg feiern oft Musicals mit aufwendiger Ausstattung, wie z.B. *König der Löwen*.

♩ Aufgaben

Teilt euch in 4er-Gruppen auf.

a) Informiert euch in Büchern, Lexika oder dem Internet über die angegebenen Musicals.

b) Übertragt den Zeitstrahl auf ein Plakat, und ordnet die Einträge richtig ein.

c) Ergänzt die Texte um weitere Informationen, die euch wichtig sind, z.B. zu weiteren Musicals oder Komponisten, Details von Aufführungen,

Rezensionen usw. Ihr könnt das Plakat auch mit Fotos, Programmheften usw. gestalten oder zu den Musicalbeispielen Ausschnitte aus dem Internet herunterladen und den anderen zum Hören bereitstellen.

d) Präsentiert euch gegenseitig eure Ergebnisse.

© Verlag an der Ruhr | Autorin: Cathrin Gronenberg | ISBN 978-38346-0894-9 | www.verlagruhr.de

Kunst und Kommerz: der Broadway

„Das jüngste Genre der Darstellenden Kunst, das Musical, ist eine Kunstform, deren Grundprinzip es ist, im Gegensatz zu den anderen Genres nahezu ausschließlich kommerziellen Kriterien zu folgen."

(Quelle: Thomas Siedhoff:: „Handbuch des Musicals". Schott Verlag, 2007)

Der amerikanische Schriftsteller Arthur Miller (1915 – 2005) behauptete einmal, dass das amerikanische Theater fünf Straßenblocks lang und anderthalb Blocks breit sei: Das sind genau die Abmessungen des Theaterviertels in New York, das nach der durchführenden Hauptstraße auch einfach **„der Broadway"** genannt wird.

Während das deutsche Theatersystem staatlich subventioniert ist, müssen sich die **Aufführungen** am Broadway ohne Zuschüsse rechnen. Erfolgreich ist ein Musical deshalb vor allem dann, wenn es lange Laufzeiten mit ausverkauften Häusern und damit große Profite aufweisen kann. Läuft ein Musical nicht, wird es schnell wieder abgesetzt, auch wenn es gute Kritiken bekommt.

Für sein Stück sucht der **Produzent** deshalb zunächst nach **Investoren**, meistens handelt es sich dabei um Geschäftsleute und Unternehmen. Die einzelnen Produktionen funktionieren wie eine Aktiengesellschaft, sodass die Investoren anteilig je nach Einzahlung von den Einnahmen eine Rendite erhalten. Die Verdienstaussichten sind jedoch nicht besonders hoch: Von zehn Produktionen spielen im Schnitt höchstens zwei ihre Kosten wieder ein und noch weniger machen einen bedeutenden Gewinn.

Steht die Finanzierung, kann der Produzent einen **Regisseur** und **Darsteller** für die Inszenierung engagieren, die künstlerische Leitung bleibt jedoch bei ihm.

Die **Theater** werden für die Aufführungen für durchschnittlich 8 500 Dollar pro Tag samt Technikerstab gemietet, 40 Gebäude mit über 500 Plätzen stehen am Broadway zur Verfügung. Damit die Räume gut genutzt werden, werden meistens acht Aufführungen pro Woche angeboten.

Der Broadway ist also nicht nur Künstlerviertel, sondern auch ein bedeutender **Wirtschaftsstandort**. Über 12 Millionen Zuschauer haben im Jahr 2010 ein Theater am Broadway besucht. Künstleragenturen, Theaterbetriebe, Produktionsfirmen, Tontechnikfirmen, Dekorwerkstätten, Schauspiel- und Tanzschulen, Restaurants und Hotels haben sich hier angesiedelt.

Neben diesem Viertel gibt es auch den so genannten **Off-Broadway**. Der Name kommt daher, dass die Theater mehr oder weniger abseits liegen und kleiner sind. Hat man früher hier vor allem Musicals „ausprobiert", bevor sie in die großen Theater kamen, werden heute auch speziell Stücke für diese Bühnen geschrieben, z.B. mit satirischen oder provozierenden Themen, die einen Kontrast zu den großen Shows bilden.

Der **Erfolg eines Musicals** hängt hauptsächlich davon ab, wie es am Broadway aufgenommen wird; keine Aufführung ist deshalb so wichtig wie die Premiere in New York. Fällt das Stück hier durch, hat es in den seltensten Fällen noch eine Chance, in anderen Städten erfolgreich zu laufen.

Vergleichbar mit New York ist als Musical-Stadt nur **London**: In den Theatern im West End werden in etwa genauso viele Musicals gespielt. In Deutschland gibt es in **Hamburg** mehrere Musical-Theater, in denen fortlaufend unterschiedliche Produktionen gezeigt werden.

♪ Aufgabe

Erklärt in eigenen Worten das Zitat von Thomas Siedhoff, und überlegt, welche Folgen dieses „Grundprinzip" für ein Musical haben könnte.
Tipp: Schaut euch gemeinsam den Musicalfilm *A Chorus Line* an. Darin erfahrt ihr mehr über die Produktion und das Casting für ein Musical.

© Verlag an der Ruhr | Autorin: Cathrin Gronenberg | ISBN 978-38346-0894-9 | www.verlagruhr.de

Das Musical der Superlative

Starlight Express – das ist ein hier noch nie geschautes, quirliges, tänzerisch gekonntes, musikalisch eingehendes und lichtergewaltiges Roller-Erlebnis; eine Show voller Dynamik und Aktionen, eine Farbenorgie in Phantasie-Kostümen und Laser-Licht, die Kumulation von mitreißender Musik.

Das muss man Christine Kellermann erst einmal nachmachen: Innerhalb von sechs Jahren besucht die 43-jährige Frau aus Wahlwies am Bodensee 150 Vorstellungen von Starlight Express und legt pro Reise rund 620 km zurück – insgesamt eine Strecke, die mehr als viermal um die Erde geführt hätte. Für sie ist das Rollschuhmusical jedoch eine einzigartige Energiequelle. „Andere fahren in Urlaub, ich schau mir eben Starlight Express an. Wenn ich zurückkomme, bin ich wieder vollkommen ausgeglichen."

Wie gesungen und getanzt, wie über die rasanten Rampen gerast wird, das ist hochprofessionell. Die bewundernswerten Darsteller werden nicht geschont. Sie brausen mit Volldampf auf zwei Ebenen durch das Publikum mit Geschwindigkeiten, die jenseits jeglicher für Ortsdurchfahrten vorgesehenen Tempo-Limits liegen.

(Quelle: Auf Rollschuhen zum Welterfolg, 20 Jahre Starlight Express Live in Bochum, Hrsg. Starlight Express GmbH, 2008)

♪ Aufgaben

Lest die Beiträge laut vor, und diskutiert in der Klasse folgende Fragen:

a) Was macht *Starlight Express* zu einem der erfolgreichsten Musicals unserer Zeit? Greift diese Frage ein zweites Mal auf, wenn ihr das Musical besprochen habt.

b) Hört euch Ausschnitte des Musicals von einer CD oder im Internet (z.B. bei YouTube®) an: Könnte der besondere Erfolg auch musikalische Gründe haben?

© Verlag an der Ruhr | Autorin: Cathrin Gronenberg | ISBN 978-38346-0894-9 | www.verlagruhr.de

Starlight Express

© Starlight Express GmbH

Sie reisen von weit her an, um in dieser Nacht an der Weltmeisterschaft der Lokomotiven teilzunehmen. Hauptperson ist die junge Dampflok **Rusty**. Technisch ist sie nicht mehr auf dem neusten Stand, aber sie ist aufrichtig und liebenswert. Zu ihr gehört der 1.-Klasse-Anhänger **Pearl**. Die protzige und selbstbewusst aufdringlich daherkommende Diesellok **Greaseball** erscheint ebenfalls mit einem imposanten Damen-Anhänger im Gefolge im Bahnhof. Viele weitere Loks treffen von weit her ein. Plötzlich taucht **Electra** auf: Supermodern, elegant und mit einer ganzen Anhänger-Kolonne, zieht der Zug leise, jedoch nicht unbemerkt, in den Bahnhof ein. Pearl ist beeindruckt von Electras Scheinwerferblicken, sie kuppelt bei Rusty aus und bei Electra an. Rusty ist verzweifelt. Eingeschüchtert durch den siegessicheren Auftritt der modernen Züge sagt er seine Teilnahme ab.

Allerdings kann das Rennen ohne die gemeldete Teilnehmerzahl nicht gestartet werden. Die gemütliche **Papa-Dampflok** springt spontan für Rusty ein, er hat jedoch kaum eine Chance gegen die modernen Loks. Doch Papa Dampflok gibt alles und entscheidet die Vorrunde für sich. Dafür hat er sich allerdings so verausgabt, dass ihm die Puste für das Finale fehlt.

Rusty ruft nun den geisterhaften Zug der Züge, den **Starlight Express**, zur Hilfe und stürzt sich doch noch in das Rennen. Als Rusty durch ein riskantes Bremsmanöver eines anderen Teilnehmers entgleist, muss das Finale wiederholt werden.

Und auf einmal taucht vor Rusty der legendäre Starlight Express auf. Der Zug aller Züge gibt ihm zu verstehen, worauf es ankommt: an den **Glauben an sich selbst**. Mit dieser Kraft überrundet Rusty seine Konkurrenten und läuft siegreich vor der Diesel- und der E-Lok ins Ziel – und Pearl beginnt zu begreifen, wem ihre wahre Liebe gilt.

1982 reiste der **Komponist Andrew Lloyd Webber** mit seinem Sohn Nicholas durch die USA. Während einer Fahrt mit der Bahn sah der Junge zum ersten Mal eine große amerikanische Dampflok und stand fasziniert und sprachlos auf dem Bahnsteig, ein Anblick, von dem Lloyd Webber sagte, dass er ihn nie vergessen würde.

So wandte er sich einer Geschichte zu, die ursprünglich als **TV-Zeichentrickserie** gesendet wurde. Hier spielt ein kleiner Junge im Traum mit seinen Eisenbahnwaggons. Die Dampflok muss sich gegen eine Diesellok und eine E-Lok behaupten. Mit Hilfe einer guten Fee kann sie die überlegenen Rivalen besiegen. In Starlight Express schleichen sich Lokomotiven und Anhänger in den Traum eines kleinen Jungen.

♪ Aufgaben

1. Fasst den Inhalt des Musicals in zwei bis drei Sätzen zusammen.

2. Erstellt ein Soziogramm zur Geschichte: Schreibt die Namen der Figuren auf ein Blatt Papier, und erklärt mit Hilfe von Pfeilen, Symbolen und Stichwörtern, wie die Personen zueinander stehen.

♪ *Aufgabe*

Hört euch die in der Tabelle angeführten Stücke an (CD, YouTube®),
und füllt dabei die Tabelle aus.

Stück	Instrumentation	Musikstil	Wirkung der Musik
G.E.K.U.P.P.E.L.T (Dinah, Speisewagen-waggon) © Starlight Express GmbH			
Rolling Stock (Greaseball, Diesellok) © Starlight Express GmbH			
AC/DC (Electra, Elektrolok) © Starlight Express GmbH			
Liebesexpress (Rusty, Dampflok) © Starlight Express GmbH			

© Verlag an der Ruhr | Autorin: Cathrin Gronenberg | ISBN 978-38346-0894-9 | www.verlagruhr.de

Die Musikbeispiele, die ihr gehört habt, lassen sich **verschiedenen Musikstilen** zuordnen.

Rockmusik

Der Name dient als Oberbegriff für Musikrichtungen, die sich Ende der 1960er-Jahre aus der Vermischung des Rock 'n' Roll und anderen Musikstilen, wie z.B. Beatmusik und Blues, entwickelt haben. Die Besetzung von Rockgruppen besteht traditionell aus elektrischen oder akustischen Gitarren, E-Bass, Schlagzeug und Gesang. Je nach Richtung werden auch Bläser eingesetzt. Rockmusik hat eine große Bandbreite (von sanften Balladen bis hartem Metal) und ist deshalb schwer auf eine bestimmte Spielweise festzulegen. Die Blütezeit begann in den 1960er-Jahren und hat bis heute kaum abgenommen.

Disco Sound

Dieser Musikstil, der in den 1970er-Jahren besonders angesagt war, gründet unter anderem auf Pop- und Funkmusik. Das herausragende Kennzeichen ist aufnahmetechnischer Natur und sorgt mit einer künstlichen Tiefenbetonung sowie hallfreier, trockener Aufnahme von Schlagzeug für größtmögliche Präsenz des gleichmäßig pulsierenden Disco-Beat im 4/4-Takt. Abgehackte, springende Bassformeln, diverse Percussioneffekte und ein Streicherbackground drängen den floskelhaften Gesang eher in den Hintergrund.

Synthie-Pop

In den frühen 1980er-Jahren entstand diese technisch geprägte Popmusik, deren Klang durch Synthesizer und Electronic Drums bestimmt wird. Auch der Einsatz von Samples ist ein Kennzeichen dieser Musikrichtung. Ihre Blütezeit war in den 1980er-Jahren.

Country Music

„Country" ist eine Bezeichnung für die ländliche, weiße Volksmusik in den USA. Herausragendes Kennzeichen ist der von Gitarre geprägte Sound sowie ein kehliger Gesangsstil, der auf schottisch-irische Wurzeln zurückgeht und vielfach harmonisch mehrstimmig erklingt. Die Texte handeln meist vom Alltagsleben. Ein besonderer Höhepunkt der Musik lag in den 1940er-Jahren, aber auch heute noch ist sie besonders in Amerika sehr populär.

𝄞 Aufgaben

1. Ordnet die Musikstile den gehörten Stücken zu.

2. Unterstreicht im Text die musikalischen Elemente, die ihr in den jeweiligen Musikstücken nicht herausgehört habt. Ergänzt anschließend eure Tabelle mit diesen Informationen.

3. Nehmt vor dem Hintergrund der musikalischen Wirkung der Stücke, Bilder und Art der Loks eine Charakterisierung von Greaseball, Electra und Rusty vor.

4. Nennt Gründe für den musikalischen Erfolg des Musicals.

© Verlag an der Ruhr | Autorin: Cathrin Gronenberg | ISBN 978-38346-0894-9 | www.verlagruhr.de

Hilf mir verstehn (Pearl)

Starlight Express

Pearl, der 1.-Klasse-Waggon, fährt mit Rusty, der Dampflok, in den Bahnhof, um an der Weltmeisterschaft teilzunehmen. Doch die vielen neuen Züge beeindrucken Pearl. Von der modernen Lok Electra ist Pearl so angetan, dass sie Rusty aufgibt und sich an Electra hängt. Ist es eine neue Liebe? Wie fühlt sie sich?

Aufgaben

1. Hört euch gemeinsam den Song an (z.B. auf YouTube®), und singt ihn anschließend.

2. Erklärt: Was sagt der Text über den Gemütszustand von Pearl aus?

3. Untersucht, inwiefern die Melodie den von euch beschriebenen Gemütszustand widerspiegelt.

Informiert euch dazu zunächst auf dem Arbeitsblatt „Melodiegestaltung" über die musikalischen Gestaltungsmöglichkeiten von Melodien. Analysiert anschließend die Melodie, und füllt die Tabelle aus. Übertragt sie dazu in euer Heft.

4. Wie steht ihr zu Pearls Verhalten?

Melodische Gestaltung	Taktangabe	Musikalische Wirkung	Hinweis auf den Gemütszustand von Pearl

© Verlag an der Ruhr | Autorin: Cathrin Gronenberg | ISBN 978-38346-0894-9 | www.verlagruhr.de

Was ist eigentlich eine Melodie? Der Theoretiker sagt: eine geordnete Folge von Tönen. Diese Ordnung führt zu einer ausdrucksvollen, meist singbaren Abfolge von Klängen.

Melodiebögen

In der Abfolge der Musik kann man häufig Linien erkennen. Ein Melodiebogen kann aufwärts (a) oder abwärts (b) gerichtet sein oder sich zu einem Wellenberg (c) fügen.

Stufenmelodik und Tonsprünge

Die Melodie kann Schritt für Schritt auf- oder abwärts verlaufen (a) oder aber große Tonsprünge aufweisen (b). Plötzliche Tonsprünge aufwärts können z.B. wie ein Freudenhopser wirken oder den Sprachfluss einer Frage nachahmen. Sie geben der Melodie Bewegung. Tiefe Töne und Tonsprünge abwärts können in einem Fall ein sicheres, solides Fundament bilden, im anderen aber auch einen düsteren Eindruck hervorrufen.

Skalenmelodik/Dreiklangsmelodik

Die Töne der Melodie können der gesamten zu Grunde liegenden Tonleiter entnommen (a) oder einem Dreiklang entlehnt sein (b).

Gliederung

Die Melodie kann in sinnvolle Abschnitte unterteilt sein, so wie man einen Satz durch Kommas in Sinneinheiten zerlegt. Die kleinste selbstständige musikalische Sinneinheit nennt sich Motiv und ist häufig zwei Takte lang. Zwei Motive können, wenn sie sich sinnvoll ergänzen, zu einer Phrase zusammengefasst werden.

Sequenzierung

Ein Melodieteil, z.B. ein Motiv, wird einen Ton höher oder tiefer wiederholt. Dies kann mehrmals hintereinander erfolgen.

Tonhöhe

Eine Melodie kann mit hohen und tiefen Tönen gestaltet sein.

© Verlag an der Ruhr | Autorin: Cathrin Gronenberg | ISBN 978-38346-0894-9 | www.verlagruhr.de

Märchen, vom mittelhochdeutschen ‚maere' = Kunde, Nachricht. Phantasievoll ausgeschmückte, kürzere Prosaerzählung, in der die Naturgesetze aufgehoben sind und das Wunder vorherrscht. Tiere, Pflanzen und Gegenstände aller Art sprechen und verkehren mit den Menschen auf einer Ebene. Es gibt zaubermächtige Helfer und wunderbare Hilfsmittel. Der Abschluss des Märchens ist immer befriedigend, von ausgleichender Gerechtigkeit. [...] Psychologisch werden Märchen als Projektion von Wünschen und Ängsten des Menschen aufgefasst.

(Quelle: Der Neue Brockhaus, 1984)

Die Bienenkönigin
(ein Märchen der Brüder Grimm)

Zwei Königssöhne zogen einmal auf Abenteuer aus und kamen, da sie so viel erlebten, gar nicht mehr nach Hause. Ihr jüngster Bruder war gutmütig, hilfreich und sanftmütig, und die Königssöhne nannten ihn deshalb Dummling. Da **Dummling** seine Brüder vermisste, folgte er ihnen. Als er sie fand, spotteten sie, wie er sich mit seiner Dummheit durch die Welt schlagen wolle.

Alle drei zogen schließlich miteinander weiter und kamen an einen Ameisenhaufen. Die Brüder wollten ihn aufwühlen und sehen, wie die kleinen Ameisen vor Furcht auseinanderstoben. Doch Dummling sagte: „Lasst die Tiere in Frieden, ich ertrage nicht, dass ihr sie stört." Da gingen sie weiter und kamen an einen See, auf dem schwammen viele Enten. Die Brüder wollten ein paar fangen und sie braten, aber Dummling ließ es nicht zu und sprach: „Lasst die Tiere in Frieden, ich ertrage nicht, dass ihr sie tötet." Endlich kamen sie an ein Bienennest, darin war so viel Honig, dass er am Stamm herunterlief. Die zwei Brüder wollten Feuer unter den Baum legen und die Bienen ersticken, um an den Honig zu gelangen. Aber Dummling hielt sie ab und sprach: „Lasst die Tiere in Frieden, ich ertrage es nicht, dass ihr sie verbrennt."

Die drei Brüder kamen an ein **Schloss**, wo in den Ställen lauter steinerne Pferde standen. Sie trafen auf ein kleines, graues, stummes Männlein, welches die drei Brüder zu einem reich gedeckten Tisch führte. Nach dem Essen brachte das Männlein die Brüder zu einer Tafel, auf der geschrieben stand, wie man das stumme, versteinerte Schloss erlösen könne. **Drei Aufgaben** galt es, zu erfüllen.

Die erste war: In dem Wald unter dem Moos lagen die **Perlen** der Königstochter, 1 000 an der Zahl, die mussten gesucht werden. Und wenn vor Sonnenuntergang noch eine einzige fehlte, so wird der, welcher gesucht hatte, zu Stein. Der Älteste ging hin und suchte den ganzen Tag, aber als er zu Ende war, hatte er erst 100 Perlen gefunden. Es geschah, wie auf der Tafel stand, er ward in Stein verwandelt. Am nächsten Tag ging der zweite Bruder in das Abenteuer, aber auch er konnte nicht mehr als 200 Perlen finden. Endlich kam Dummling an die Reihe. Er suchte im Moos, aber die Perlen waren so schwer zu finden, dass er sich auf einen Stein setzte und weinte. Doch da kam der Ameisenkönig und sagte: „Verzage nicht, mit unserer Hilfe wirst du deine Perlen finden." Und bald war der Boden voll von Ameisen, die alle Perlen aus dem Moos suchten und zusammentrugen.

Die zweite Aufgabe aber war, den **Schlüssel** der Königstochter aus dem See zu holen. Als Dummling an den See kam, schwammen die Enten heran, fragten nach seinem Anliegen, tauchten unter und holten den Schlüssel aus der Tiefe.

Die dritte Aufgabe aber war die schwerste: Aus den **drei schlafenden Töchtern** des Königs sollte die jüngste und liebste herausgesucht werden. Sie glichen sich aber vollkommen und waren durch nichts zu unterscheiden, als dass sie, bevor sie eingeschlafen waren, verschiedene Süßigkeiten gegessen hatten. Die Älteste hatte ein Stück Zucker gegessen, die Mittlere ein wenig Sirup verspeist und die jüngste einen Löffel Honig geschleckt. Die Bienenkönigin kam zum Dummling und sprach ihm Mut zu. „Verzage nicht, mit meiner Hilfe wirst du erfolgreich

© Verlag an der Ruhr | Autorin: Cathrin Gronenberg | ISBN 978-3-8346-0894-9 | www.verlagruhr.de

sein." Sie setzte sich auf den Mund von allen Töchtern und untersuchte die Lippen von allen dreien. Zuletzt blieb sie auf dem Mund sitzen, der Honig gegessen hatte, und so erkannte der Königssohn die jüngste Tochter.

Da war der Zauber vorbei, alles war **aus dem Schlaf erlöst,** und wer von Stein war, erhielt seine lebendige Gestalt wieder. Und der Dummling vermählte sich mit der jüngsten Tochter und ward König nach ihres Vaters Tod; seine zwei Brüder aber heirateten die andern Schwestern.

Aufgaben

1. Vergleicht das Märchen der Brüder Grimm mit der Geschichte von *Starlight Express*: Findet Gemeinsamkeiten der Handlung heraus, indem ihr dazu die Tabelle ausfüllt.

Märchenhafte Aspekte der Handlung	Die Bienenkönigin	Starlight Express
a) Eine Prüfung bzw. ein Wettkampf steht im Mittelpunkt des Geschehens.		
b) Tiere oder Gegenstände werden personifiziert.		
c) Der Held ist ein hilfreicher Außenseiter.		
d) Das Gute siegt gegen das Böse.		
e) Es gibt gute Mächte, die helfen.		

2. Diskutiert, ob es sich bei *Starlight Express* um ein modernes Märchen handelt.

© Verlag an der Ruhr | Autorin: Cathrin Gronenberg | ISBN 978-3-8346-0894-9 | www.verlagruhr.de

Wie heißen die Katzen?

Cats

Der Text des Musicals **Cats** basiert auf dem 1939 in England erschienenen Werk „Old Possum's Book of Practical Cats", einer für Kinder geschriebenen Gedichtsammlung von T.S. Eliot, die Erich Kästner ins Deutsche übertragen hat. Andrew Lloyd Webber hatte im Jahre 1977 damit begonnen, Gedichte aus diesem Zyklus zu vertonen. 1981 wurde das Musical uraufgeführt.

Inhalt des Musicals

Das Musical spielt auf einem großen Schuttabladeplatz mitten in London. Jedes Jahr findet hier ein großes Fest statt – der **Jellicle Ball** –, an dem der Stammesälteste der Katzen – Old Deuteronomy – bekannt gibt, welche von ihnen die Chance auf Wiedergeburt und damit ein **weiteres Leben** erhält. Die Katzen versammeln sich und stellen sich mit Gesang und Tanz vor, um für sich zu werben. Es gibt z.B. die zerlumpte Katze **Grizabella** und **Skimbleshanks**, den Kater vom Nachtexpress. Der räuberische **Macavity** tritt auf sowie **Gus**, der alte

Theaterkater. Daneben gibt es viele weitere Teilnehmer. Grizabella taucht sogar ein zweites Mal auf und denkt in dem berühmtesten Song des Musicals – „Erinnerung" – an gute alte Zeiten.

Der Ball neigt sich nach der Vorstellung vieler Charaktere und Lebensgeschichten seinem Ende zu, und Old Deuteronomy verkündet seine Entscheidung: Grizabella ist **die Auserwählte,** und unter dem Gesang aller Katzen fährt sie zum Mond auf und damit in ein zweites Leben.

Elliot, Kästner und die Katzen

Jede Katze hat drei Namen, vertrauen Eliot und Kästner dem Leser an. Den ersten geben die Menschen den Katzen, und diese Namen lauten zum Beispiel Paul, Moritz, Petersilie oder Fangemaus – vernünftige, alltägliche Namen. Den dritten Namen gibt sich die Katze selbst, aber dieser Name ist ihr Geheimnis, und er bleibt unausgesprochen.

Doch wie lautet der zweite Name der Katze? So dichtet Kästner die Verse Eliots nach:

Doch nun zu dem nächsten Namen, dem zweiten:
Den muß man besonders und anders entwickeln.
Sonst könnten die Katzen nicht königlich schreiten,
Noch gar mit erhobenem Schwanz perpendikeln.
Zu solchen Namen zählt beispielsweise
Schnurroaster, Tatzitus, Katzastrophal,
Kralline, Nick Kater und Kratzeleise
Und jeden der Namen gibt's nur einmal.

(Quelle: Sylvia List (Hrsg.): Das große Erich-Kästner-Buch. Atrium Verlag, 2002)

𝄞 Aufgaben

1. Erklärt in eigenen Worten, wie die drei Namen der Katzen zu Stande kommen.

2. Wieso hielt Webber Eliots Katzengedichte wohl für ein Musical geeignet?

© Verlag an der Ruhr | Autorin: Cathrin Gronenberg | ISBN 978-38346-0894-9 | www.verlagruhr.de

1. Organisation: Teilt euch in sechs Gruppen ein, und ordnet jeder Gruppe ein Katzengedicht zu. (Jeweils zwei Gruppen bearbeiten dasselbe Gedicht.)

2. Gruppenarbeit: Lest die Gedichte, und erarbeitet eine Charakterisierung der euch zugeteilten Katze. Belegt eure Charakterisierung mit Gedichtstellen. Haltet eure Erarbeitungen auf einer Folie fest, legt dazu eine Tabelle an.

Charakterisierung der Katze _____ (Name) anhand der Gedichte	
Textstelle	**Charakter der Katze**

3. Vortrag in der Klasse: Tragt der Klasse das Gedicht, das ihr bearbeitet habt, betont oder auch szenisch ausgestaltet vor. Stellt anschließend die von euch vorgenommene Charakterisierung vor.

4. Arbeit im Klassenverband: Ein Mitschüler oder euer Lehrer spielt euch die Songs zu den drei Katzen vor, ohne ihren Titel zu nennen. Ordnet die Stücke den Katzen zu, und begründet eure Auswahl.

5. Gruppenarbeit: Analysiert nun die Noten des Songs der Katze, die ihr zuvor vorgestellt habt. Nutzt dazu die Arbeitsblätter zu Rhythmik, Artikulation und Melodiegestaltung. Erklärt, inwieweit die Musik den Charakter der Katze verdeutlicht. Schreibt eure Ergebnisse auf eine Folie, nutzt dazu die Tabelle auf S. 18.

6. Präsentation: Stellt eure musikalische Analyse der Klasse vor. Hört dann die Songs zu den Katzen (CD oder YouTube®). Gebt den Katzen gemeinsam zweite Namen im Sinne der Autoren, und tragt sie auf der Folie ein.

7. Einzelarbeit: Schreibe einen Artikel für deine heimische Zeitung, in dem du die Popularität des Musicals erklärst. Nutze dazu eure Analysen.

8. Recherche in den Gruppen: Sammelt weitere Informationen zu dem Musical, die euch interessieren, z.B.:
- Wo wurde das Musical zuerst gespielt?
- Wie waren die Kritiken?
- Wie viele Besucher haben Cats bisher gesehen?
- Wird Cats momentan aufgeführt?

9. Präsentation: Stellt euch eure Ergebnisse gegenseitig vor.

© Verlag an der Ruhr | Autorin: Cathrin Gronenberg | ISBN 978-38346-0894-9 | www.verlagruhr.de

Charakterisierung der Katze _____ **anhand der Musik**

(Name)

Melodik	Rhythmus, Takt und Tempo	Artikulation und Dynamik	Musikalische Wirkung

Charakter der Katze

Zweiter Name: _____

Dritter Name: _____

© Verlag an der Ruhr | Autorin: Cathrin Gronenberg | ISBN 978-3-8346-0894-9 | www.verlagruhr.de

Credit: Nilz Böhme; TM © 1981 RUG LTD

© Verlag an der Ruhr | Autorin: Cathrin Gronenberg | ISBN 978-3-8346-0894-9 | www.verlagruhr.de

Macavity, der Bösewicht, gefürchtet Tag und
 Nacht,
er ist ein Meister aller Tricks, der das Gesetz
 verlacht,
und er trifft den Nerv von Scotland Yard, gesucht
 im ganzen Ort.
Wenn sie am Tatort stehen, ist **Macavity schon
 fort.**

Macavity, Macavity, nicht einer wie Macavity,
des Menschen Grenzen kennt er nicht, er ist ein
 Rätsel der Magie,
er spielt mit dunklen Kräften, erscheint mal hier
 mal dort,
und stehst du dann am Tatort, ist Macavity schon
 fort.
Auf dem Boden und im Keller suchst du lauernd
 sein Versteck.
Und ich sag's dir, halt noch einmal, **Macavity ist
 weg!**

Macavity ist groß und schlank und gelbrot ist sein
 Fell.

Seine eingefall'nen Augen verraten ihn sehr
 schnell.
Die Stirn hat starke Falten, und sehr mächtig ist
 sein Haupt,
sein Schnurrbart ist ganz ungekämmt, sein Mantel
 ist verstaubt.
Er wiegt den Kopf oft hin und her, als denke er
 grad nach.
Und wenn du glaubst, dass er schon schläft, dann
 ist er stets hellwach.

Macavity, Macavity, nicht einer wie Macavity,
Spezialist der Übeltat, ein ganz durchtriebenes
 Genie.
Manchmal siehst du ihn beim Essen, manchmal
 siehst du ihn beim Sport.
Doch wird ein Diebstahl aufgedeckt, **Macavity ist
 fort!**

Nach außen scheint er ehrenwert. (Doch seine
 Karten sind markiert.)
Und sein Pfotenabdruck wird in keiner Polizei
 geführt.
Und fehlen mal die Perlen und im Käfig fehl'n die
 Tauben,
der Käse fehlt im Kühlschrank und ein Pekie muss
 dran glauben,
zerschmettert ist die Glastür und das Efeu liegt im
 Dreck –
der Wahnsinn an der Sache ist: **Macavity ist weg!**

Und wenn im Außenamt eine Geheimakte
 verschwunden ist
oder der Generalstab Pläne und Karten vermisst,
ein Fetzen liegt vielleicht im Korridor und im Abort

doch ist es unnütz nachzuforschen: **Macavity ist
 nicht dort!**

Ist der Verlust einmal entdeckt, sagt der Geheim-
 dienst nur:
„Es ist gewiss Macavity – doch wo ist seine Spur?"
Er ist bestimmt schon meilenweit und leckt die
 Pfoten
oder ist vertieft in lange komplizierte Einbruchs-
 quoten.

Macavity, Macavity, nicht einer wie Macavity,
noch nie war eine Katze so lieblich, so gewissens-
los.
Er hat stets ein Alibi, auch zwei und drei im
Passport.
Wann immer wo 'ne Tat vollbracht: **Macavity war
nicht dort!**

Und alle Katzen weit und breit bekannt für Taten
ruchlos und gemein.
(Erwähnt sei Rumpelmauser, erwähnt auch
Knirschebein.)
Sind seine Agenturen nur, und ihre Unternehmen
hält
er jederzeit an Fäden: **der Napoleon der
Unterwelt!**

- ✂ - - -

Arbeitsphase 5

© Verlag an der Ruhr | Autorin: Cathrin Gronenberg | ISBN 978-3-8346-0894-9 | www.verlagruhr.de

Er selbst nennt sich leider dreimal so lang,
    nämlich: **Aspargus**.
Doch welch ein Snobismus, sich so zu nennen.
Für uns bleibt es bei **Gus**.
Sein Flausch ist recht schäbig, er selbst ein
    Gerippe
mit zittrigen Pfoten, schon halb auf der Schippe.
Doch was für ein Kerl, als er jünger war!
Heut Mäusen und Ratten gar keine Gefahr.
Nein, er ist nicht mehr der Kater, der er gewesen,
als man täglich von ihm in der Zeitung gelesen –
wie er sagt, und sagt es am liebsten beim Trunke,
im Spinn-Klub, (gleich hinter der nächsten
    Spelunke).
Dort gibt er, wenn jemand sein Bier bezahlt,
ganz gern was zum besten. Aber nicht, dass er
    prahlt!
Denn er war ein Genie, und was für eins!
Hat gespielt mit Makowski, mit der Duse, mit
    Kainz!
Nach dem riesigen Erfolg in der „Baldrianbraut"
hat das Haus ihn ach, unzählige Male, hervormiaut.
Doch **die größte Schöpfung** von der man heut
    noch spricht,
war sein **Feuerfurzfickel, der Erzbösewicht**.

Gespielt, sagt er, hab' ich, was spielbar war.
Siebzig Rollen, gelernt war mein Repertoire!
Volksgemurmel, Extemporis, textbuchfrei,
konnt ich improvisieren wie 'ne Katzenbalgerei.
Wie viel Ausdruck leg ich in Kopf und Schwanz!
Eine Probe nur braucht ich und die nicht mal ganz.
Meiner Stimme konnte kein Stein wiedersteh'n.
Und wann hat man je solche Mimik geseh'n?
Ich saß an Klein-Hanneles Krankenbett
und focht als Cyrano zwölf Runden Florett.
Als gestiefelter Kater war ich ein Schatz!
Ich miaute in Salzburg, für Jedermann's Katz.
Doch **die schöpferische Leistung** – in histori-
    schem Licht –
war mein **Feuerfurzfickel, der Erzbösewicht**.

Nun, wer 'nen Hohlzahn voll Korn spendiert,
erzählt er noch, wie er damals in Weimar gastiert.
Er sprang ein in den „Fallstaff", auf allen vier
    Pfoten,
denn es erschien der Regie nur ein Kater geboten.
Einst war er ein Tiger, vor bebendem Saal,
den ein Oberst verfolgt in den Abzugskanal!
Und als Geist, denkt er, könnt er heute noch immer
Jenes haarsträubend-echt Gestöhn und Gewimmer.
Ja, auf Leitungsdraht, hoch über die Bühne
    gespannt,
hat er ein Kind gerettet, das im Stück sonst
    verbrannt.
Und der sagt: Ach diese jungen Katzen. Die haben
    nicht mehr
die Ausbildung, wie wir, von der Hofbühne her!
Eins fehlt ihnen vor allem: Ensemblespiel!
Und sie denken, ein Katzensprung sei schon viel!
Und er sagt, pfotenkratzend sein spärliches Haar:
Nein. Das Theater ist nicht mehr, was es war.
Moderne Regie – nun gewiss. Bitte sehr. Warum
    nicht.
Aber reicht es denn jemals wovon heut man noch
    spricht:
An den **Wunder-Moment** da ich selbst prominent
als Feuerfurzfickel, der Erzbösewicht.

© Verlag an der Ruhr | Autorin: Cathrin Gronenberg | ISBN 978-38346-0894-9 | www.verlagruhr.de

Gus 2/2

♩ = 100   *p*

1. Gus heißt___ der Ka - ter vom Büh - nen - ein - gang. Sein

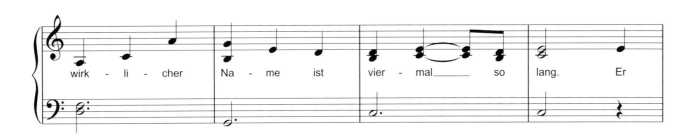

wirk - li - cher Na - me ist vier - mal___ so lang. Er

lau - tet___ As - pa - ra - gus, doch das ist et - was kom - pli -

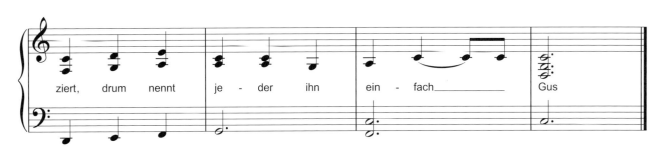

ziert, drum nennt je - der ihn ein - fach___ Gus

Cats

Credit: Nilz Böhme; TM © 1981 RUG LTD

© Verlag an der Ruhr | Autorin: Cathrin Gronenberg | ISBN 978-38346-0894-9 | www.verlagruhr.de

Man hört's rascheln durch die Gleise, fünf vor elf,
kurz vor der Reise,
wenn der Zug zur Abfahrt wirklich steht:
„Wo ist Skimble? Wo ist Skimble?" Wo der wohl
wieder stecken kann –
man weiß, dass ohne ihn nichts geht.

Bei den Schaffnern, Kofferträgern und sogar
beim Bahnsteigfeger
ist die Sorge schon sehr groß.
„Wo ist Skimble?", rufen alle, denn es fährt
in keinem Falle
ohne ihn der Postzug los!

Fünf nach elf ist's letzte Not: Das Signal zeigt
wieder rot,
und verzweifelt fragen alle: „Was wird nun?"
Plötzlich schlendert er daher, aber keiner weiß
woher:
Vorn, im Frachtteil hatte er zu tun!

Sein grasgrüner Blick gibt das Zeichen an.
Das Signal zeigt: „Freie Bahn".
Endlich geht's dann los, und jetzt kann der Zug
in den nördlichen Norden fahr'n!

„Es ist allen völlig klar,
für die Aufsicht bin ich da.
In dem Schlafwagenexpress
ist der Heizer gut auf Draht,
und die Schaffner spielen Skat,
mach ich mehr oder weniger den Rest."

Und er schreitet durch die Gänge, mustert jeden
in der Menge,
ob er erster oder zweiter Klasse reist.
Es wird alles kontrolliert, wenn er stündlich
patrouilliert;
es passiert nichts, was er nicht als Erster weiß!

Cats

Um zu wissen, was sie denken, braucht er nur
  den Blick zu lenken
auf die Leute – und sie wussten genau:
Ist Skimble nachts an Bord und wacht, herrscht
  nur Zucht und Ordnung,
keine Zügellosigkeit und kein Radau!

Und in Skimbles Reich spielst du keinen Streich:
Er ist dafür viel zu klug.
Alles läuft nach Plan in der Eisenbahn,
hat der Skimble Dienst im Zug!

Und alle fallen in ihr warmes Bett
und schlafen ganz tief und fest;
beruhigt, denn die Mäuse stören nicht,
sie wissen alle, Skimble tut seine Pflicht!

Denn auf ihn kommt's an in der Eisenbahn,
der **Kater vom Nachtexpress.**

Und der Zug war nie zu spät auf dem Weg nach
  Gallowgate,
denn Skimble hielt die Mannschaft stets auf Trab.
Und er winkt mit seinem Schwanz an der End-
  station,
wenn jeder den Zug verlässt.
„Tschüss, bis bald", sagt er dann an der Eisenbahn,
der **Kater vom Nachtexpress.**

Arbeitsphase 5

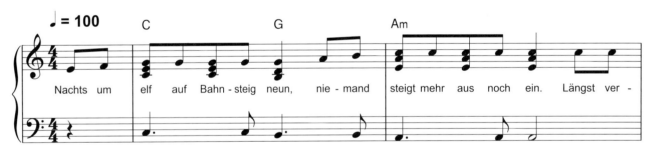

Nachts um elf auf Bahn-steig neun, nie-mand steigt mehr aus noch ein. Längst ver-

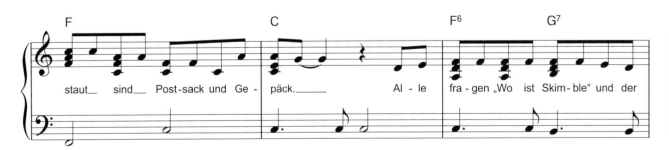

staut sind Post-sack und Ge-päck. Al-le fra-gen „Wo ist Skim-ble" und der

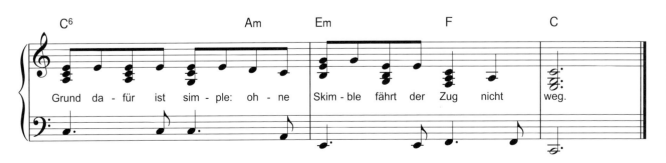

Grund da-für ist sim-ple: oh-ne Skim-ble fährt der Zug nicht weg.

© Verlag an der Ruhr | Autorin: Cathrin Grcnenberg | ISBN 978-38346-0894-9 | www.verlagruhr.de

Cats

Takt

Takte ergeben sich, indem der gleichbleibende Grundschlag eines Stückes Betonungen erhält. Der 3/4-Takt hat einen tänzerischen Charakter, die erste Zählzeit wird betont, die zweite etwas schwächer und die dritte erhält keine Betonung.

Der 4/4-Takt ist gleichförmiger und hat einen schreitenden oder gehenden Charakter. Die erste Zählzeit wird stark betont, die dritte ebenfalls aber schwächer, die zweite und vierte Zählzeit erhalten keine Betonung.

Rhythmus

Der Rhythmus besteht aus einer Abfolge unterschiedlich langer Töne (und Pausen). Eingefügt in einen Takt, erhält der Rhythmus regelmäßige Betonungen (>).

Die Abfolge weniger verschiedener Notenwerte geben dem Rhythmus einen gleichmäßigen, schlichteren Charakter.

Durch Punktierungen erhält der Rhythmus Bewegung.

Synkopen entstehen, wenn eine ursprünglich unbetonte Taktzeit betont wird. Die eigentlich betonte Taktzeit erhält eine Überbindung oder eine Pause. (Eine Überbindung bewirkt, dass der Ton nicht erneut angeschlagen wird und weiter klingt.) Die Betonung folgt nun nicht mehr dem gewohnten Muster und liefert deshalb Spannung.

© Verlag an der Ruhr | Autorin: Cathrin Gronenberg | ISBN 978-38346-0894-9 | www.verlagruhr.de

Tempo/Artikulation/Dynamik

Cats

Tempo

Notenwerte (z.B. Achtel-Note ♪) geben nur eine relative Geschwindigkeit an. Erst in Verbindung mit dem Tempo kann die messbare Dauer eines Tones festgestellt werden. Tempobezeichnungen stehen deshalb meist am Anfang des Stückes und gelten bis zum Ende bzw. bis eine Tempoänderung angezeigt wird.

Tempoangaben:

lento, adagio: langsam; **andante:** gehend; **moderato:** mäßig, nicht zu schnell (♩ ~ 100); **allegretto:** mäßig bewegt; **allegro:** schnell; **vivace:** lebhaft

Dynamik

Die Lehre von der Lautstärke in der Musik nennt sich Dynamik. Die Tonstärken werden mit italienischen Abkürzungen bezeichnet:

fortissimo (ff): sehr laut, **forte (f):** laut; **mezzoforte (mf):** mäßig laut; **mezzopiano (mp):** mäßig leise; **piano (p):** leise, **pianissimo (pp):** sehr leise

Die Lautstärke kann auch kontinuierlich verändert werden:

Ein allmähliches Lauterwerden bezeichnet man als crescendo (abgekürzt: cres.), das allmähliche Leiserwerden heißt decrescendo (abgekürzt: decres.).

Die Lautstärkeänderung kann auch nur einen einzigen Ton betreffen: > ist ein allgemeines Akzentzeichen, das bedeutet, dass dieser Ton betont wird.

Artikulation

Mit diesem Begriff bezeichnet man die verschiedenen Möglichkeiten, Töne miteinander zu verbinden oder voneinander abzuheben. Auch die Artikulationsbezeichnungen sind Italienisch:

legato: gebunden; **non legato:** nicht gebunden, die Töne werden voneinander getrennt, wirken aber nicht abgehackt; **staccato:** getrennt, die Note wird kürzer gespielt und wirkt abgehackt.

© Verlag an der Ruhr | Autorin: Cathrin Gronenberg | ISBN 978-38346-0894-9 | www.verlagruhr.de

Die Lebensgeschichte einer Kaiserin

Elisabeth von Österreich-Ungarn (1837–1998) war ab ihrer Heirat 1854 Kaiserin an der Seite Franz Josephs I. (1830–1916). Durch ihre Schönheit und Ausstrahlung, aber auch durch ihre Ablehnung von Öffentlichkeit und gesellschaftlichen Zwängen wurde sie schon zu Lebzeiten zum **Mythos**, was durch ihre Ermordung noch gesteigert wurde. Bereits 22 Jahre nach ihrem Tod entstand 1920 ein Stummfilm zu ihrem Leben. Viele weitere, darunter die **berühmten Filme** mit Romy Schneider, folgten. Auch heute reißt das Interesse an der Kaiserin nicht ab. Das 2004 errichtete **Sisi-Museum** in Wien konnte in den ersten fünf Jahren drei Millionen Besucher verzeichnen. Das **Musical** *Elisabeth*, das vor allem die Lebensumstände und die Persönlichkeit der Kaiserin beschreibt, wurde 1992 in Wien uraufgeführt. 2011 geht es auf Grund seiner großen Beliebtheit erneut auf Tournee im deutschsprachigen Raum.

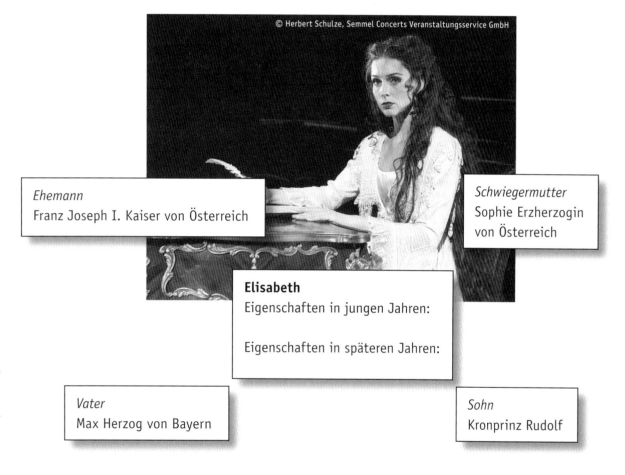

© Herbert Schulze, Semmel Concerts Veranstaltungsservice GmbH

Ehemann
Franz Joseph I. Kaiser von Österreich

Schwiegermutter
Sophie Erzherzogin von Österreich

Elisabeth
Eigenschaften in jungen Jahren:

Eigenschaften in späteren Jahren:

Vater
Max Herzog von Bayern

Sohn
Kronprinz Rudolf

♪ Aufgaben

Kennzeichnet Elisabeths Verhältnis zu den dargestellten Personen, und erarbeitet ihre Eigenschaften:

a) Übertragt die Skizze auf ein großes Blatt Papier, sodass ihr Informationen zu den Personen ergänzen und das Verhältnis Elisabeths zu ihnen mit Hilfe von Pfeilen und Symbolen eintragen könnt.

b) Bearbeitet die folgenden Arbeitsblätter, und tragt eure Ergebnisse in dieses Soziogramm ein.

© Verlag an der Ruhr | Autorin: Cathrin Gronenberg | ISBN 978-38346-0894-9 | www.verlagruhr.de

Elisabeth

Elisabeth und Max: Wie du

Eine Mondnacht auf Korfu. Auf der offenen Terrasse einer italienischen Villa sitzt Elisabeth zwischen flackernden Kerzen ... Ein Windstoß. Elisabeth spürt die Nähe eines Geistes.

Elisabeth: Vater ...? Du bist es, ich erkenn dich!

Elisabeth und Herzog Max: Träumen und Gedichte schreiben oder reiten mit dem Wind.

Elisabeth: Ich wollt mal so sein wie du.

Herzog Max: Warum sprichst du mit den Toten? Das gefällt mir nicht.

Elisabeth: Was soll ich denn mit den Lebenden noch reden ...?!

Herzog Max: Du bist zynisch, bitter und allein.

Elisabeth: Sie haben mich zur Kaiserin dressiert!

Herzog Max: Um dich selber einzuschließen, musstest du dich nicht befrei'n.

Elisabeth: Mich ekelt alles an!

Herzog Max: Man muss sich bemüh'n, glücklich zu sein.

Elisabeth: Wozu sich selber belügen?

Herzog Max: Du hast niemals aufgegeben. Nichts nahm dir den Mut.

Elisabeth: Vielleicht, weil ich noch nichts wusste von den Menschen ...

Herzog Max: Wolltest leben ohne Zügel und Tabu.

Elisabeth: Das ist wahr!

Elisabeth und Herzog Max: Leben frei wie ein Zigeuner mit der Zither unter'm Arm ...

Elisabeth: Nun ist es zu spät ...

Herzog Max: Adieu Sisi!

Elisabeth: ... Jetzt bin ich aus Stein. Nie werde ich so sein wie du.

Begleitung „Wie du"

Begleitung „Wie du (Reprise)"

♪ Aufgaben

1. Hört euch den Song „Wie du" in seinen beiden Versionen an (CD oder YouTube®: „Wie du" und „Wie du (Reprise)"). Vergleicht die musikalische Gestaltung der beiden Versionen: Wie wird Elisabeth musikalisch als junges Mädchen dargestellt, wie als reife Frau? Tragt eure Ergebnisse in eine Tabelle wie die folgende ein.

Elisabeth als junges Mädchen		Elisabeth als reife Frau	
Musikalische Gestaltung	Klangeindruck	Musikalische Gestaltung	Klangeindruck

2. Unterstreicht im Text die Aussagen, die Elisabeth in jungen Jahren beschreiben, grün, und solche, die sie in reifen Jahren kennzeichnen, rot.

3. Wie steht Elisabeth zu ihrem Vater?

4. Haltet im Soziogramm die erarbeiteten Eigenschaften Elisabeths und Max' fest. Kennzeichnet an den Pfeilen die Beziehung zu ihrem Vater.

© Verlag an der Ruhr | Autorin: Cathrin Grcnenberg | ISBN 978-38346-0894-9 | www.verlagruhr.de

Elisabeth

© Verlag an der Ruhr | Autorin: Cathrin Gronenberg | ISBN 978-38346-0894-9 | www.verlagruhr.de

Ich möchte vom Drahtseil herabseh'n auf diese
   Welt.
Ich möchte aufs Eis geh'n und selbst seh'n wie
   lang's mich hält.
Was geht es dich an, was ich riskier!?
Ich gehör nur mir.

Willst du mich belehren, dann zwingst du mich
   bloß,
zu flieh'n vor der lästigen Pflicht.
Willst du mich bekehren, dann reiß ich mich los
und flieg wie ein Vogel ins Licht.

Und will ich die Sterne, dann finde ich selbst
   dorthin.
Ich wachse und lerne und bleibe doch, wie ich bin.
Ich wehr' mich, bevor ich mich verlier!
Denn ich gehör nur mir.

Ich will nicht mit Fragen und Wünschen
   belastet sein,
vom Saum bis zum Kragen von Blicken
   betastet sein.
Ich flieh', wenn ich fremde Augen spür'.
Denn ich gehör nur mir.

Und willst du mich binden, dann halt mich
   nicht fest.
Ich geb meine Freiheit nicht her.
Und willst du mich finden, verlass ich dein Nest
und tauch' wie ein Vogel ins Meer.

Ich warte auf Freunde und suche Geborgenheit.
Ich teile die Freude, ich teile die Traurigkeit.
Doch verlang nicht mein Leben,
das kann ich dir nicht geben.
Denn Ich gehör nur mir,
nur Mir!

Ich will nicht ge-hor-sam, ge-zähmt und ge-zo-gen sein. Ich
will nicht be-schei-den, be-liebt und be-tro-gen sein. Ich bin nicht das Ei-gen-tum von
dir, denn ich ge-hör nur mir.

Gedicht der Kaiserin Elisabeth:

„Ich bin erwacht in einem Kerker,
und Fesseln sind an meiner Hand.
Und meine Sehnsucht immer stärker.
Und Freiheit! Du mir abgewandt!"

♪ *Aufgaben*

1. Wie präsentiert sich Elisabeth in ihrem Song? Unterstreiche die Metaphern im Text, und deute sie. Markiere weitere charakteristische Textstellen in einer zweiten Farbe. Liste die Eigenschaften auf, und trage sie in das Soziogramm ein.

2. Nehmt anhand der Noten und des Arbeitsblattes „Melodiegestaltung" eine melodische Analyse des Songs vor, und erklärt, wie Elisabeths Eigenschaften musikalisch verdeutlicht werden.

3. Informiert euch im Internet ausführlich über das Leben der Kaiserin Elisabeth, z.B. unter *www.br-online.de/bayern/einst-und-jetzt/kaiserin-elisabeth-DID1192801533141297/*, und verfasse einen Lebenslauf.

4. Sucht im Internet nach weiteren Gedichten der Kaiserin Elisabeth (z.B. unter der oben angegebenen Adresse). Was sagen die Gedichte über ihre Persönlichkeit aus?

© Herbert Schulze, Semmel Concerts Veranstaltungsservice GmbH

© Verlag an der Ruhr | Autorin: Cathrin Gronenberg | ISBN 978-38346-0894-9 | www.verlaggruhr.de

Eine Kaiserin muss glänzen

Elisabeth

© Herbert Schulze, Semmel Concerts Veranstaltungsservice GmbH

Sie ist verbauert ganz und gar,
nimmt ihre Pflichten hier nicht wahr.
Hat das Gehorchen nicht geübt, ist in sich selbst
   verliebt
und nicht streng mit sich.
Eine Kaiserin muss glänzen im Bewusstsein ihrer
   Pflichten,
muss die Dynastie ergänzen und verzichten.

[...]
Um 5 Uhr früh beginnt der Tag, pünktlich beim
   Glockenschlag,
jeden Morgen.
Elisabeth: Aber Franz-Joseph hat mir gesagt,
   ich sollte mich heut mal ausruh'n.
Sophie: Ausruh'n, wovon? Ich hab ihn gefragt,
   ich weiß, dass du dich heut' Nacht geschont
   hast.
Elisabeth: Das kann nicht sein!
Sophie: Das sagte ich auch!
Elisabeth: Er würde mich nicht an Sie verraten.
Sophie: Vor mir hält mein Sohn gar nichts geheim.
Elisabeth: Das ist nicht wahr!
Sophie: Dann frag ihn doch selber.
[...]
Sophie: Ich will, dass du zur Kaiserin wirst, du bist
   noch nicht gezähmt und gezogen ... lern erst
   mal, bescheiden zu sein!

Die Kai-ser-in ist noch sehr jung.   Sie braucht noch man-che För-der-ung.

Zeit, dass sie lernt, was sich ge-hört.   Zeit,__ dass sie je-mand lehrt_ sich zu fü - gen.__

🎼 Aufgaben

1. Hört in der Klasse den Song „Eine Kaiserin muss glänzen" an (CD oder YouTube®). Sammelt während des Hörens Adjektive, die die Musik beschreiben.

2. Mit welchen melodischen Mitteln wird Sophies Charakter musikalisch verdeutlicht? Analysiere die Noten mit Hilfe des Arbeitsblattes „Melodie-gestaltung".

   Lies den Textausschnitt des Songs, und be-schreibe mit weiteren Adjektiven das Wesen der Erzherzogin Sophie.

3. Überlegt in der Klasse:
   a) Wie steht Franz Joseph zu seiner Mutter?
   b) Wie fühlt sich Elisabeth dabei?
   c) Welche Eigenschaften erwartet Sophie von der Kaiserin Elisabeth?

4. Tragt eure Ergebnisse in das Soziogramm ein.

5. Stellt euch vor, ihr wärt Angestellte im englischen Könighaus. Wie könnte ein Gespräch zwischen der Queen und ihrer Schwiegertochter Kate zu dem Thema verlaufen? Schreibt mit einem Partner ein Gespräch, und stellt es den anderen vor.

© Verlag an der Ruhr | Autorin: Cathrin Gronenberg | ISBN 978-38346-0894-9 | www.verlagruhr.de

Wenn ich dein Spiegel wär

Elisabeth

Wie oft hab ich gewartet, dass du mit mir sprichst.
Wie hoffte ich, dass du endlich das Schweigen
  brichst.
Doch dich erschreckt, wie ähnlich wir beide uns
  sind:
So überflüssig, so überdrüssig der Welt, die zu
  sterben beginnt.

Wenn ich dein Spiegel wär,
dann würdest du dich in mir seh'n.
Dann fiel's dir nicht so schwer,
was ich nicht sage, zu versteh'n.
Bis du dich umdrehst,
weil du dich zu gut in mir erkennst.
Du ziehst mich an
und lässt mich doch niemals zu dir.
Seh ich dich an,
weicht dein Blick immer aus vor mir.
Wir sind uns fremd
und sind uns zutiefst verwandt.
Ich geb dir Zeichen,
will dich erreichen,
doch zwischen uns steht eine Wand.
Wenn ich dein Spiegel wär, ...
Elisabeth:
Was soll die Störung?
Was gibt's?
Was willst du hier?
Rudolf:
Mutter, ich brauch dich ...

Ich komm' in höchster Not,
fühl' mich gefangen und
  umstellt.
Von der Gefahr bedroht,
entehrt zu sein vor aller
  Welt.
Nur dir alleine kann ich
  anvertrau'n,
worum es geht.
Ich seh keinen Ausweg
  mehr, ...
Elisabeth (gleichzeitig):
Ich will's nicht erfahren ...
Rudolf:
... Hof und Ehe sind mir eine Qual.
Ich krank, mein Leben leer ...
Elisabeth (gleichzeitig):
... kann's dir nicht ersparen.
Rudolf:
Und nun dieser elende Skandal!
Nur, wenn du für mich beim Kaiser bittest,
ist es noch nicht zu spät!
Elisabeth:
Dem Kaiser bin ich längst entglitten,
hab' alle Fesseln durchgeschnitten.
Ich bitte nie.
Ich tu's auch nicht für dich.
Rudolf (gesprochen):
Also lässt du mich im Stich ...

🎼 Aufgaben

1. Hört gemeinsam den Song „Mama wo bist du"
   (CD oder YouTube®), und beschreibt Rudolfs
   Verhältnis als Kind zu seiner Mutter.

2. Hört danach den Song „Wenn ich dein Spiegel wär".
   a) Vergleicht sein Verhältnis zu seiner Mutter
      als Erwachsener. Unterstreicht dafür im Text
      entsprechende Stellen blau.
   b) Unterstreicht im Text mit Rot die Passagen,
      in denen sich Rudolf mit seiner Mutter ver-
      gleicht.

   c) Wie steht Elisabeth zu ihrem Sohn? Unter-
      streicht entsprechende Textstellen in grüner
      Farbe.

3. Tragt eure Ergebnisse in das Soziogramm ein.

4. Rudolf nahm sich früh das Leben. Wie könnte
   ein Abschiedsbrief an seine Mutter ausgesehen
   haben? Verfasst mit einem Partner einen Brief,
   und tragt ihn vor.

© Verlag an der Ruhr | Autorin: Cathrin Gronenberg | ISBN 978-38346-0894-9 | www.verlagruhr.de

Elisabeth und Franz Joseph

Elisabeth

Nichts ist schwer (Elisabeth und Franz Joseph in jungen Jahren)

Franz Joseph:

Eins musst du wissen, ein Kaiser ist nie für sich allein.

Mit mir zu leben, wird oft nicht einfach für dich sein.

Elisabeth:

Was and're wichtig finden, zählt für mich nicht.

Nichts ist schwer, solang' du bei mir bist.

Wenn ich dich hab, gibt es nichts, was

unerträglich ist.

[…]

Franz Joseph:

Im Joch der vielen Pflichten geht mancher Traum

verlor'n.

[…]

Elisabeth und Franz Joseph:

Du wirst das Leben bald durch meine Augen seh'n.

Und jeden Tag mich ein wenig mehr

verstehn' …

Boote in der Nacht (Elisabeth und Franz Joseph in späteren Jahren)

Franz-Joseph:

Komm heim Sisi, wir gehören zusammen …

Du möchtest alles, doch manchmal ist

wenig schon sehr viel.

Elisabeth:

Dein Traum ist mir zu klein!

Ich will nicht dein Schatten sein!

Elisabeth und Franz-Joseph:

Könntest du einmal nur durch meine Augen

seh'n!

Dann würdest du mich nicht länger

missversteh'n.

Wir sind wie zwei Boote in der Nacht.

Jedes hat sein eig'nes Ziel und seine eigene

Fracht.

♪ Aufgaben

1. Hört euch in der Klasse die beiden Songs (CD oder YouTube®) an. Achtet insbesondere auf die Gestaltung der Abschnitte, die Elisabeth und Franz-Joseph gemeinsam singen.

2. Legt eine Tabelle wie die unten an, und füllt die erste Spalte während des Hörens aus.

	Musikalische Gestaltung	Textaussagen zur Beziehung aus der Sicht …	
		… Elisabeths	… Franz Josephs
Nichts ist schwer			
Boote in der Nacht			

3. Beschreibt die Entwicklung der Beziehung zwischen Elisabeth und Franz Joseph. Tragt eure Ergebnisse in das Soziogramm ein.

4. Bildet 4er-Gruppen. Stellt die „Frachten", die sich in Franz Josephs und Elisabeths Leben im Laufe der Jahre angehäuft haben, z.B. zeichnerisch auf einem DIN-A3-Blatt dar, und veranstaltet mit euren Arbeiten einen Museumsgang.

© Verlag an der Ruhr | Autorin: Cathrin Gronenberg | ISBN 978-38346-0894-9 | www.verlagruhr.de

Elisabeth und der Tod

In Luchenis folgender Erzählung begleiten beide, der Mörder und der Tod, Elisabeth durch das Leben. Lucheni lässt die **versunkene Welt der Habsburger Monarchie** im 19. Jahrhundert wiederauferstehen, um die Liebesaffäre zwischen Elisabeth und dem Tod zu beweisen. Er zeigt, wie der Tod Elisabeths Leben durchstreift. Selbst auf ihrer Hochzeit ist er anwesend und tanzt mit ihr. Ihre Todessehnsucht nimmt mit den Jahren zu. Sie erkennt, dass sie einer zu sterben beginnenden Gesellschaft angehört, während man am Hof am Glauben an die Monarchie festhält. Ihr Sohn **Rudolf**, lebensmüde wie sie selbst, nimmt sich in jungen Jahren das Leben. Hat der Tod den Sohn geholt, weil Elisabeth doch zögerte? Elisabeth zieht sich aus der Öffentlichkeit zurück und verbringt die meiste Zeit auf Reisen. Am Genfer See wird sie schließlich von Lucheni, der die adelige Welt verachtet, dem Tod übergeben. Lucheni erzählt die Geschichte der Kaiserin, um seine Unschuld zu beweisen. Denn war es nicht der Tod selbst, mit dem Elisabeth ein Liebesverhältnis hatte und der sie schließlich zu sich holte?

Die Lebensgeschichte Elisabeths wird in dem Musical in eine **Rahmenhandlung** eingebettet:

Das Musical beginnt vor Gericht. Ein Richter verhört den Attentäter **Lucheni**, der die Kaiserin Elisabeth im Alter von 61 Jahren am Genfer See erstochen hat. Lucheni rechtfertigt seine Tat mit der Behauptung, er habe Elisabeth ermordet, weil sie es so wollte. Der **Tod** erscheint auf der Bühne. Er ist ein attraktiver, junger Mann mit der Ausstrahlung eines Popstars. Er bekennt, Elisabeth geliebt zu haben.

> Das **Fin de siècle** (Ende des Jahrhunderts) bezeichnet die Jahre von etwa 1890 bis 1914. Diese Zeit vor dem Ersten Weltkrieg war geprägt durch das Bewusstsein, dass eine Epoche endgültig zu Ende ging. Zukunftsangst, Endzeitstimmung, Faszination von Tod und Vergänglichkeit waren gängige Stimmungen.

♪ Aufgaben

1. Hört euch gemeinsam den Song „Die Schatten werden länger" (CD oder YouTube®) an. Interpretiert die Aussage des Titels.

2. Tragt in der Klasse in einer Mind-Map die Ursachen für die Todessehnsucht Elisabeths zusammen.

3. Welche Rolle spielt der Tod im Musical? Fügt ihn passend in das Soziogramm ein.

© Verlag an der Ruhr | Autorin: Cathrin Gronenberg | ISBN 978-38346-0894-9 | www.verlagruhr.de

Elisabeth und Lucheni

Wie wär's mit diesem Bild? Elisabeth als Mutter mit
Rudolf ihrem Sohn –
und hier, ist das nicht nett? Die Kaisers feiern
Weihnacht im festlichen Salon.
Auf diesem Bild seh'n wir das hohe Paar in Liebe
zugeneigt.
Einen Teller hab' ich auch, der Elisabeth beim Beten
in der Hofkapelle zeigt.
Nehmt ein hübsches Souvenir mit aus der
kaiserlichen Welt!
Alles innig, lieb und sinnig, so wie es euch gefällt:
Kitsch! Kitsch! Kitsch!

Verzieht nicht das Gesicht – tut bloß nicht so, als
wärt ihr an der Wahrheit interessiert.

die Wahrheit gibt's geschenkt, aber keiner will sie
haben, weil sie doch nur deprimiert.
Elisabeth ist „in". Man spricht von ihr seit über
hundert Jahr'n.
Doch wie sie wirklich war, das werdet ihr aus keinem
Buch und keinem Film erfahr'n.

Was ließ ihr die Vergötzung? Was ließ ihr noch der
Neid?
Was blieb von ihrem Leben als Bodensatz der Zeit?
Kitsch! Kitsch! Kitsch!

Ich will euch was verraten: Eure Sissi war in Wirklichkeit ein mieser Egoist.
Sie kämpfte um den Sohn, um Sophie zu beweisen,
dass sie die Stärk're ist.
Doch dann schob sie ihn ab, ihr kam's ja darauf an,
sich zu befrei'n.
Sie lebte von der Monarchie und richtete sich in
der Schweiz ein Nummernkonto ein.

Man hört nur, was man hör'n will, drum bleibt noch
etwas Zeit,
von Schönheit und von Scheiße, von Traum und
Wirklichkeit,
nur **Kitsch! Kitsch! Kitsch!**

𝄞 Aufgaben

1. Hört in der Klasse den Prolog des Musicals und den Song „Kitsch"
   (CD oder YouTube®) an.

2. Beschreibt die Wirkung des Songs. Welche musikalischen Mittel werden eingesetzt?

3. Schreibt eine Charakterisierung Elisabeths aus der Sicht Luchenis. Fügt ein Plädoyer für
   Lucheni an, das Gründe seiner Tat aufführt und eine mildernde Strafe erreichen könnte.
   (Das Plädoyer ist bei einem Strafverfahren die zusammenfassende Schlussrede des
   Staatsanwaltes oder des Verteidigers.)

4. Tragt Lucheni passend in das Soziogramm ein. Welche besondere Rolle spielt er?

5. Bildet 4er-Gruppen. Sucht im Internet und in österreichischen Souvenirkatalogen nach
   Sisi- bzw. Elisabeth-Kitsch, und erstellt eine Collage.

Elisabeth

Kitsch oder Mythos?

Eine Buchbesprechung: Brigitte Hamann:
„Elisabeth. Kaiserin wider Willen."
Die renommierte Wiener Historikerin würdigt
Sisi als eine moderne Frau, die auf stets neuen
Wegen versuchte, sich selbst zu verwirklichen:
durch ihre – bewusst kultivierte – Schönheit,
ihre sportlichen Leistungen und vor allem durch
ihre Gedichte.

*(Quelle: www.br-online.de/bayern/einst-und-jetzt/kaiserin-elisabeth-
DID1192801533141297/sisi-tipps-links-ID6711928015321714515.xml)*

Als Sissi-Syndrom wird eine angebliche Form der
Depression bezeichnet, unter der besonders aktiv wirkende Menschen leiden sollen. Diese Depression ist durch Unrast, Sprunghaftigkeit, kör-
perliche Hyperaktivität, rasche Stimmungs-
schwankungen, Fasten, übertriebenen Körperkult,
Selbstwertprobleme und zahlreiche Selbstbe-
handlungsversuche charakterisiert. Eine unab-
hängige Forschergruppe kam Anfang 2003 allerdings zu dem Schluss, dass das Sissi-Syndrom
keine eigenständige Krankheit ist.

(Informationen nach: http://de.wikipedia.org/wiki/Sissi-Syndrom)

Vor ihren höfisch-repräsentativen, ehelichen und
mütterlichen Pflichten, auch jeglichem sozialen
Engagement als Landesmutter, war sie ja ohne-
hin längst davongelaufen ...
Es charakterisiert die Überspanntheit der Kaiserin, dass sie sich als Dichterin für ein Medium
des von ihr glühend verehrten Heinrich Heine
hielt, mit dem sie übersinnlich kommunizierte:
„Mir dünkt, daß Du dictiertest, / zu schreiben
nur bleibt mir, / Gedanken und Gefühle / wehst
Du auf das Papier." So klappernd epigonal
[= nachahmend], halbwegs reimsicher, aber nur
selten inspiriert, hat sich die Dichterin Sisi mit
ihrer Welt der achtziger Jahre, besonders der
höfischen, auseinandergesetzt: schwärmerisch
und wehleidig, oft zynisch und boshaft. [...]

*(Quelle: www.welt.de/print-welt/article625632/Und_Sisi_
beschwoert_die_Zukunftsseelen.html)*

Die Liebe bleibt einseitig. Das unpersönliche
Hofleben ist für die hypersensible Elisabeth unerträglich. Ihren pflichtbewussten Gatten findet
die vielsprachige Kunst- und Naturliebhaberin
eher langweilig. Für Repräsentations- und Mut-
terpflichten ist kein Platz in ihrem Leben zwischen Körperkult, Ästhetik und Bildung.

*(Quelle: www.kalenderblatt.de/index.
php?what=thmanu&lang=de&manu_id=1118&sdt=20111224)*

 Aufgaben

1. Fasst zusammen, wie die Persönlichkeit Elisabeths
   heute in kritischen Stellungnahmen positiv und
   negativ gesehen wird.

2. Erläutert, welche der vorgestellten Einschätzun-
   gen das Musical aufgreift. Ist die Elisabeth des
   Musicals die historische Sisi?

3. Trotz aller kritischen Stellungnahmen fasziniert
   die Persönlichkeit der Kaiserin viele Menschen

bis heute. Formuliert eine persönliche Stellung-
nahme zum „Sisi-Kult".

4. Wenn ihr ein Musical über Elisabeth schreiben
   wolltet: Wie würde es aussehen? Sucht euch
   einen Partner. Skizziert eine Szene, und unter-
   legt sie mit Musik, die die von euch gewählte
   Stimmung und Charakterisierung wiedergibt.
   Stellt euch gegenseitig eure Ideen vor.

© Verlag an der Ruhr | Autorin: Cathrin Gronenberg | ISBN 978-3-8346-0894-9 | www.verlagruhr.de

Was ist ein Musical? (S. 4)

1. Das Foto stammt aus der Oper „Der Spinnfaden" der japanischen Komponistin Mayako Kubo. Allein am Foto ist das allerdings nicht erkennbar.

Von der Oper zum Musical (S. 5)

1. + 2. In den USA entstanden Ende des 19. Bis zum Beginn des 20. Jh. eigene Formen des Musiktheaters, da die zahlreichen Einwanderer in den Städten Unterhaltung wünschten: Revuen, Veaudevilles und Minstrel Shows. Die Operette als europäische Form des Musiktheaters gelangte zu Beginn des 20. Jh. nach Amerika. Alle vermischten sich schließlich zu einer einheitlichen Form: einem Stück mit durchgängiger Handlung, das mit Gesang und Tanzeinlagen gespielt wurde. Musikalisch wurde in die volkstümliche und heitere europäische Operettenmusik amerikanischer Jazz „hinzugemischt", sodass ein eigener Musicalsound entstand.

Kunst und Kommerz: der Broadway (S. 7)

Da Musicals in der Regel keine öffentliche Förderung erhalten, müssen die Produktionen sich vor allem rechnen. Folgen sind z.B., dass Themen und Musik möglichst viele Menschen ansprechen müssen und so wenig Platz zum Ausprobieren von neuen Musikformen oder kritischen Inhalten ist, gute Stücke, die ein kleineres Publikum ansprechen, werden wenig gespielt, es gibt daher nur eine überschaubare Auswahl an Stücken, die Unsicherheit für Produzenten, Schauspieler, Techniker usw. ist sehr groß, da ein Stück jederzeit abgesetzt werden kann usw.

Inhalt des Musicals (S. 9)

2. Rusty: Hauptfigur, steht in Konkurrenz zu Electra und Greaseball, liebt Pearl
Pearl: 1.-Klasse-Waggon, kommt mit Rusty, liebt zwischenzeitlich Electra, kehrt aber am Ende zu Rusty zurück.
Greaseball und Electra: Konkurrenten von Rusty.

Papa Dampflok: springt für Rusty ein, will ihm helfen.
Starlight Express: imaginärer Zug aller Züge, unterstützt Rusty.

Dinah, Greaseball, Electra und Rusty (S. 10/11)

1. + 2. Dinah: kehliger Gesangsstil, Gitarre/Country Music
Greaseball: E-Gitarre, Bass (Bass Patterns) Schlagzeug, Blechbläser, die Riffs einwerfen, 12-taktiges Blues-Schema/Rockmusik mit Rock 'n' Roll-Schwerpunkt
Electra: Synthesizer, Schlagzeug, Gesang künstlich verzerrt, E-Gitarre, E-Bass, Background-Chor/Synthi-Pop
Rusty: Klavier, Bläser, E-Gitarre, Background-Chor, Funk-Elemente (springende Bassformeln), Disco-Beat im 4/4-Takt/Disco-Sound

3. Greaseball: laut, protzig, draufgängerisch ...
Electra: schnittig, künstlich, wenig greifbar, selbstbewusst, luxuriös ...
Rusty: ein Mensch aus unserer Mitte (Disco-Musik zum Mitsingen), ehrlich, fröhlich (Funk-Elemente), etwas altmodisch (Dampflok), authentisch

4. Der musikalische Erfolg des Musicals beruht auf der Verwendung vieler verschiedener Musikstile aus dem Rock/Pop/Folk-Bereich. Für jeden Geschmack und jedes Alter ist etwas dabei.

© Verlag an der Ruhr | Autorin: Cathrin Gronenberg | ISBN 978-38346-0894-9 | www.verlagruhr.de

Lösungen

Hilf mir verstehn (Pearl) (S. 12)

2. Pearl fühlt sich zwischen zwei Männern hin- und hergerissen und ist vorübergehend verzweifelt.

3.

Taktangabe	Melodische Gestaltung	Musikalische Wirkung	Hinweis auf den Gemütszustand (Pearl)
Strophe	Tonhöhe insgesamt tief	Dunkel, dumpf	Traurigkeit
Takt 1–4	Absteigende Melodielinie in der musikalischen Phrase	Bewegung in die Tiefe	Verzweiflung
Takt 4–8	Die musikalische Phrase (Takt 3 und 4) wird wiederholt	Einprägung, keine Entwicklung	Ratlosigkeit
Takt 5 und 7	Tonsprung g - h nach oben	Fragende Wirkung	Ratlosigkeit
Refrain			
Takt 17–19	Aufsteigende Melodielinie	Fragende Wirkung	Unsicherheit, welche Eigenschaften Pearl favorisiert
Takt 17–19	Dreiklangsmelodik	Schlicht, eingängig	
Takt 17–19	Sequenzierung der Takte 17/18 nach unten	Absteigende Bewegung	Unsicherheit, Ratlosigkeit
Takt 20–23	Triolen	Wiegende Wirkung	abwägend

Pearl steht zwischen zwei Männern, ihre Zweifel und Hin-und Hergerissenheit ist manchem aus dem Alltag selbst bekannt und bietet Identifikationsmöglichkeiten.

Ein modernes Märchen? (S. 14/15)

Folgende Übereinstimmungen lassen sich finden

Bienenkönigin

a) Das verstummte, steinerne Schloss muss von seinem Bann erlöst werden.

b) Ameisen, Enten und Bienen reden mit den Menschen und zeigen hilfsbereite, menschliche Züge.

c) Der dritte Bruder ist gutmütig, hilfreich und sanftmütig. Man nimmt ihn deshalb als Dummling wahr.

d) Dummling setzt sich gegen seine Brüder durch, die rücksichtslos mit den Tieren umgehen. Am Ende wird er König.

e) Die Tiere danken dem Dummling seinen Einsatz und helfen ihm bei seinen Prüfungen.

Starlight Express

a) Die Nacht der Weltmeisterschaften der Lokomotiven steht an.

b) Die Lokomotiven tragen menschliche Charakterzüge.

c) Rusty ist wahrhaft und liebenswert, spielt fair im Rennen. Er wirkt mit seinen Eigenschaften „veraltet" (Dampflok).

d) Rusty gewinnt das Rennen gegen die modernen Züge trotz vieler Probleme, die zwischenzeitlich auftreten.

e) Der Starlight Express spricht Rusty Mut zu.

Charakterisierung der Katzen (S. 17–26)

Charakterisierung anhand der Musik:

Katze	Melodik	Rhythmus, Takt	Artikulation und Dynamik	Musikalische Wirkung
Gus: alt, müde, entwickelt sich nicht mehr weiter, aber immer noch der Künstler	Wellenförmig, wendet sich häufig in tiefe Tonlagen; Motivwiederholungen; vorwiegend Stufenmelodik und kleine Tonsprünge, letzter und vorletzter Takt: Tonwiederholung	Ruhiges Tempo (andante), schlichter Rhythmus: vorherrschend Viertelnoten, 3/4-Takt	Legato piano bis mezzopiano	Gleichmäßiges Auf und Ab, still, dunkel, traurig, Schlusswirkung: Stillstand (Wiederholung) 3/4-Takt: kunstvoll
Skimble: fröhlich, schlicht, zuverlässig	Vorwiegend Stufenmelodik, Takt 3 und 7: Dreiklangsmelodik	Tempo: allegretto bis allegro, gleichbleibender Rhythmus aus 1/8-Noten	Mezzoforte leichte staccato Wirkung durch Tonwiederholungen	schlichte Melodie, fröhlich aber vorhersehbar, Eisenbahnfahrt wird durch Tonwiederholungen symbolisiert
Macavity: geheimnisvoll, sprunghaft, unvorhersehbar	Große Tonsprünge, wiederkehrende Motive, kurze Phrasen (Blues-Tonalität)	Tempo gemäßigt (moderato), ständig gleichbleibender punktierter Rhythmus, synkopische Wirkung (Takt 2, 4, 6): die Betonung auf der dritten Zählzeit entfällt	mezzopiano bis mezzoforte, legato mit Betonungen	Geheimnisvolle, sprunghafte, aber einprägsame Melodie mit schleichendem, leicht bewegtem Charakter (Rhythmus), leichte Unvorhersehbarkeiten (synkopische Wirkung)

© Verlag an der Ruhr | Autorin: Cathrin Gronenberg | ISBN 978-38346-0894-9 | www.verlagruhr.de

Charakterisierung anhand der Namen:

Katze	Charakterisierung
Gus	Gus ist eine alte, heruntergekommene Theaterkatze, angeberisch und etwas überheblich, aber voll Leidenschaft für das Theater.
Skimble	Der rechtschaffende, pflichtbewusste Skimble ist unentbehrlich, hat alles kontrolliert im Griff und wenig Humor für Streiche.
Macavity	Er ist eine große, schlanke Katze und ein ungepflegter Dieb, aufgeweckt, aber hinterhältig und gewissenlos, entkommt stets gewitzt und ist nicht greifbar.

Eine Kaiserin muss glänzen (S. 31)

1. Strophe: energisch, drohend, forsch, schneidig, militärisch; Refrain: majestätisch, bombastisch, prunkvoll

2. Das Stück steht in C-Moll. Es beginnt mit einer „einfallslosen" Tonleiter. Der Fluss der Tonleiter und der weiteren Melodie wird unterbrochen durch die Verwendung des Tritonus im dritten Takt. Die Melodie wirkt durch den schwer singbaren Tritonus eckig. In Takt 5 wird wieder eine Tonleiter verwendet;
allerdings beginnt diese auf der Septime und verhindert ein tonales, emotionales Einfinden in den Song. Anschließend wir die Melodie abwärts geführt unter Verwendung von Synkopen, die wiederum die eckige Wirkung verstärken; dominant, streng, erniedrigend, kritisierend, machtbesessen, herrisch, kontrollierend (selbst in intimen Angelegenheiten), einmischend

3. a) Franz-Joseph befolgt den Rat und die Anweisungen der Mutter
   b) Elisabeth fühlt sich im Stich gelassen.
   c) Pünktlichkeit, Fügsamkeit, Pflichtbewusstsein, Gehorsam, Strenge mit sich selbst, Verzicht, Bescheidenheit, Einhaltung eines strengen Tagesplanes

Die Lebensgeschichte einer Kaiserin (S. 27–36)

Elisabeth: Die Kaiserin rieb sich an gesellschaftlichen Konventionen und suchte nach persönlicher Freiheit und Liebe. Um Einfluss zu gewinnen, setzte sie ihre Schönheit als politisches Machtmittel ein. Mit zunehmenden Jahren wich der Lebensmut einer Todessehnsucht, sie wurde melancholisch, ruhelos und weltverachtend.

Elisabeth – Max: Der Vater war offen, lebenslustig und unkonventionell und unterstützte Elisabeth. Er war ihr ein Vorbild.

Elisabeth – Franz Joseph: Die anfängliche Zuneigung und Bewunderung verlor sich bei Elisabeth und ging in Enttäuschung über, während Franz Joseph sie ein Leben lang liebte. Er erwartete, dass sie ihre Pflicht als Kaiserin erfüllte.

Elisabeth – Sophie: Die Schwiegermutter wollte Elisabeth zur Kaiserin erziehen und kontrollieren; Elisabeth rebellierte gegen diese Bevormundung.

Elisabeth – Rudolf: Rudolf fühlte sich von der Mutter vernachlässigt. Sie war ihm seelenverwandt; er sehnte sich nach ihrer Liebe, während er ihr gleichgültig wurde.

Luccheni: kritischer Kommentator

© Verlag an der Ruhr | Autorin: Cathrin Gronenberg | ISBN 978-3-8346-0894-9 | www.verlagruhr.de